5분 바닷속 이야기

written by

Gabby Dawnay

illustrated by

Mona K

별난고래

이 책에는 5분 동안 소리 내어 읽을 수 있는
바닷속 이야기가 담겨 있습니다.

경이로운 푸른 바다 이야기들이
여러분의 발견을 기다리고 있습니다!

각 이야기의 마지막에는 유익한 정보를 제공해요.
'어른과 함께하는 모든 정보' 페이지를 살펴보세요.

흰동가리, 말미잘, 그리고 큰 산호초에 대한 모든 것

산호초는 바다에서 차지하는 비율은 1% 미만이지만 전 세계 25%의 해양 생물에게 쉼터를 제공합니다. 이곳에서 자연은 조화로운 생태계를 만들어냅니다.

말미잘의 촉수는 강력한 독소로 덮여 있는데, 흰동가리는 이 독소에 면역이 있습니다.

이는 이 작은 물고기가 거북이, 농어, 상어와 같은 포식자로부터 보호받으며 촉수 안에서 안전하게 살 수 있다는 것을 의미합니다.

흰동가리는 말미잘을 깨끗하고 청결하게 유지하며, 그의 똥은 훌륭한 비료이기도 합니다!

그 대가로 흰동가리는 밝은 색으로 먹이를 유인하여 치명적인 집으로 안내합니다. 그리고 쫓아온 물고기는 순식간에 말미잘의 먹이가 됩니다!

몇몇 사나운 흰동가리는 큰 물고기를 밀어내어 자신을 보호하기도 합니다!

14

오늘은 어떤 5분 바닷속 이야기를 읽어보시겠어요?

푸른 바다에는
경이로움으로 가득한 세상이 기다리고 있습니다.

반짝이는 모래사장 위에는
매일 멋진 보물이 있습니다.

산호초의 무지개 속 큰 이빨을 가진
상어와 멋진 꼬리를 가진 장어

심해의 어둠 속에서 빛나는 생물과
문어의 정원에서 잠든 해파리

바다거북의 눈물처럼 짠 바닷물 속에서
춤추고 있는 해마

남극의 얼어붙은 얼음 위에서
서로를 꽉 껴안는 펭귄들

노래를 부르는 고래부터 야생의 거친 폭풍까지,
모든 어린이를 위한 마법으로 가득한 바다네요!

반짝이는 물고기의 비늘과 해안의 조개껍질 하나하나.
이렇게 멋진 생명의 삶을 엿볼 수 있는 바다탐험이라니요!

이 아름다운 세상에는
모든 소리에 노래가 담겨 있습니다.

그들의 이야기를 들어보세요.
단 5분 동안!

흰동가리, 말미잘, 그리고 큰 산호초

바다 아래,
촉수를 닮은
나무에서 흰동가리가
살고 있어요.

이 작은 물고기가 해류를 따라
헤엄치고 휴식을 취하는 동안
상냥한 말미잘은
해를 입지 않도록 보호해 줘요.

힘차게 나아가며

흥얼거리는

물고기들로 이 바다는

생동감이 넘쳐흘러요.

무지개 빛을 닮은
산호초는 마치 바다가
만든 다양한 무늬의
침대 같네요.

물은 맑고
이곳의 삶은 활기찹니다.
말미잘 곁에서 작은 흰동가리가
꿈을 꾸고 있어요.

"오늘, 드디어 탐험을
위해 떠날 시간이에요!
모든 산호와 난파선 사이
바다 곳곳을요!"

"어떤 경이로움이 기다리고 있을지…"

지느러미를 튕기며 돌진해 나가기 시작했어요.

해면과 해마를 지나온 흰동가리는

문어의 연주에 맞춰

바닷가재와 조개가

춤추는 모습을 지켜봐요.

"이 멋진 도시는 항상 붐비고 바빠요.

이 화려한 광경 때문에 어지러워요!"

그때 귀상어 한 마리가
위험한 미소를 지으며 속삭였어요.
"이리 와, 작은 물고기야.
내 입 속은 아늑하단다…"

"안 돼!" 흰동가리는 침을 꼴깍삼키고,
침착하려고 노력했어요.
"난 집에 가야 해.
내 저녁밥이 기다리고 있으니까요!"

다음에는 그림자에서
농어가 등장해요.
"네가 나의 저녁밥이니?
맛있겠다!"

흰동가리는 대답했어요. “저는 너무너무 작아요.
한 입 거리밖에 안 돼요!”

몸을 튕기듯 내딛어 힘차게 도망갔어요.
그리고 외쳤어요. “미안! 오늘 저녁밥은 없어요!”

흰동가리는 거품을 일으키며
물고기 사이사이로
돌진했어요.
말미잘 집에 가까워졌어요!

그 때...

"안녕하세요." 누군가 인사를
건넸어요. "길을 잃은 것 같네요.
내 바다거북 껍데기에
태워줄까요...?"

"작은 물고기야, 이쪽으로
와서 숨어!"
말미잘이 반갑게 맞이해요.
물보라를 일으키며 도착한
흰동가리는 이제 안전합니다.

"엄청난 모험이었어!"
작은 흰동가리가 외쳤어요.
그리고는 촉수 하나하나가 빛날 때까지
소중한 말미잘 집을 청소했어요.

"먼 바닷속은 모험으로
가득 차 있었어요!
난 세상에서 가장
운 좋은 물고기에요!"

"하지만 바로 여기!"
"조그만 촉수가 뻗어있는
이 작은 나무가 가장
행복한 곳이에요!"

흰동가리, 말미잘, 그리고 큰 산호초에 대한 모든 것

산호초는 바다에서 차지하는 비율은 1% 미만이지만
전 세계 25%의 해양 생물에게 쉼터를 제공합니다.
이곳에서 자연은 조화로운 생태계를 만들어냅니다.

말미잘의 촉수는 강력한 독소로 덮여 있는데, 흰동가리는 이 독소에 면역이 있습니다.

이는 이 작은 물고기가 거북이, 농어, 상어와 같은 포식자로부터 보호받으며 촉수 안에서 안전하게 살 수 있다는 것을 의미합니다.

흰동가리는 말미잘을 깨끗하고 청결하게 유지하며, 그의 똥은 훌륭한 비료이기도 합니다!

그 대가로 흰동가리는 밝은 색으로 먹이를 유인하여 치명적인 집으로 안내합니다. 그리고 쫓아온 물고기는 순식간에 말미잘의 먹이가 됩니다!

몇몇 사나운 흰동가리는 큰 물고기를 밀어내어 자신을 보호하기도 합니다!

바다는 모든 산호의
틈새 속 수많은 탐험을
기다리고 있어요.

거대한 바다의 황제, 백상아리

저 멀리 시원한
바닷물에서
한 생물이 만을 따라
순항하고 있어요.

마법처럼 재빠른
백상아리는 육식 동물의 황제로,
큰 배처럼
웅장한 물고기입니다!

빠르게 움직일 수
있도록 제작된
총알 같은 몸이 부드럽게
속도를 올려요!

"나는 물살을 가르며 순식간에 깊은 물속을
휩쓸고 지나가는 물고기랍니다…"

"나는 슈퍼카처럼 날렵하게
헤엄칠 수 있어요!
나는 바다의 황제이고,
바다는 내 것이에요…"

조용하지만 치명적인 상어는 파도 사이로 빠져나와

여러 마리의 물고기를 바다 아래 무덤으로 보냈어요.

반짝반짝 흰색이 빛나는

미소와 함께

그림자와 빛의 움직임처럼

미끄러집니다.

날카로운 300개의
세모 이빨을 가진
최상위 포식자가
바다 밑에 숨어 있어요...

"나는 바닷속 최상위 포식자이고
모두가 내 이빨을
두려워하는 것을 알고 있어요 –
내 이빨 좀 보세요!"

"제 입은 아침, 점심, 저녁
모두 씹어먹는 것을
좋아합니다.
사실 저는 여러분의
두려움과 달리, 바다 요리를
훨씬 더 좋아해요!"

여러 개의 칼이 모여 있는
공구 키트 같은 백상어의 이빨은
일생 동안 계속 자랍니다.

"내가 먹이를 한 입 베어 물 때
나의 이빨은 많이 빠지지만,
대신 새로운 이빨들이
빠르게 다시 자라요!"

내 이빨은
부드럽고 유연한
연골 틀에
잘 고정되어 있어요."

"나는 제일가는
사냥꾼이기 때문에
이빨이 많이 그리고
영원히 필요해요!"

"먹이를 입안으로
계속 집어넣어요!
그래서 수천 개의 이빨이
저에게 필요한 것이죠!"

반짝이는
하얀 미소를 가진
상어가

반짝이는
밤의 환영처럼
미끄러지듯
움직여요!

바다 밑바닥을 보면

저 수많은 묘비들이 보이시죠?

바로 엄청나게 많은

상어 이빨이에요!

거대한 바다의 황제, 백상아리의 모든 것

웅장하고 신비로운 이 백상아리는
최상위 포식자이자 육식동물이며 턱은
모든 상어 종 중에서 가장 강력합니다.

그녀의 미소 속에는 300개의 치아로 이루어진 치명적인 무기가 있습니다. 그것은 한 입에 30파운드의 고기를 집어먹는 데 사용하는 이빨입니다!

백상아리는 아래턱에 여러 줄의 '예비' 이빨을 가지고 있습니다. 이 이빨은 컨베이어 벨트처럼 상어에게 지속적으로 이빨을 공급합니다!

각 치아에는 특별한 신경 세포가 있어 촉각을 감지하는 능력이 뛰어납니다.

백상아리는 입을 벌리면 이빨이 바깥쪽으로 움직입니다. 턱을 다물면 이빨이 안쪽으로 움직입니다. 이 이빨은 고양이 발톱처럼 회전하고 수축할 수 있습니다.

백상아리는 70년을 살 수 있으며 일생 동안 약 20,000개의 이빨을 갖게 됩니다.

해저에는 버려진 상어 이빨이 수없이 널려 있습니다...

누군가 낯설고 외로운 이야기를
노래하고 있습니다.
고래의 노래와 함께
잠시 헤엄쳐 볼까요?

혹등고래의 노래

바다 아래,

더 깊은 곳에서

혹등고래가

물살을 따라 미끄러지고 있습니다.

혼자 여행하며,

홀로 바다를 헤쳐나갑니다.

고래는 항상 외로움을

느끼고 있어요.

"여기, 내가 근처에 있어!"
라고 말하는 초저음 노래로
전 세계적으로 유명세를
떨치고 있어요.

물과 땅 사이에서 길을 찾고,
그의 노래는 소리의
풍경 속에서 지도를 만들어요...

그 음악의 소리들은
다른 물고기들이 정보를
교환하는 동안 빠르게
반복되고 바뀌어요...

"사라지지도 끝나지도 않는
내 노래는 끝없이 바다를
돌며 유행이 될 때까지
진화합니다!"

그의 한숨 소리는
파도를 뚫고
뻗어가는
교향곡 같아요.

"바다를 떠돌던
내 조상들의 이야기-
나는 모든 조상들의
삶을 노래해요…"

이 잔잔한 멜로디는
물 아래에서 하늘 위로
물보라를 튀며 흘러갑니다…

"나는 나의 여정을 노래하고, 깊은 바다를 추억해요.
노래의 모든 순간은 내가 간직하는 추억이에요…"

과거와 언제나 조화를 이루는

미래가 있는 바다에서는

"매년 새로운 노래,
그리고 내가 부르는 모든 노래가
당신만을 위한 노래가 될 때까지
한 곡 한 곡이 이어졌습니다..."

지구를 여행한 후
별이 가득한 하늘 아래,
고래는 자신이 태어난 곳으로
다시 돌아왔습니다.

"나만의 특별한
존재를 찾아 헤맨
여정은 너무
외로웠어요."

푸른색보다 더 아름답고
검게 빛나는 혹등고래는
'사랑, 사랑해'를 부르며
노래를 이어갑니다.

하지만 잠깐만요 -
반짝이는 것이 있습니다...
그림자가 지나갑니다.
누굴까요?
바로 암컷 고래입니다!
드디어 짝을 찾았어요!

혹등고래에 관한 모든 것

혹등고래는 몇 시간 동안 계속되는 매우 복잡한 노래를 부릅니다.
3천만 년 전, 고래는 가장 어두운 바다 속에서도 의사소통을 하기 위해
이 길고 낮은 울음소리를 진화시켰습니다.

소리는 공기보다 수중에서 4배나 빠르게 이동합니다.
그래서 이 그리움의 노래는 수평선을 넘어
먼 바다까지 퍼져나갈 수 있습니다.

그들의 노래는 다양한 소리로
만들어졌어요: 다양한 패턴, 연결,
화음의 반복을 통해
독특한 곡을 만들어요.

수컷과 암컷 모두 소리를 내지만
수컷만 노래합니다.
혹등고래끼리 정보를 공유하기 위한 노래...
소리의 풍경 속에서 수중 세계를
지도화하고 추적하기 위한 노래...
어둠 속에서 관계를 만들기 위한 노래...

고래는 매년 바다를
가로질러 자신이
태어난 곳으로 노래를
부르며 이동합니다.

그리고 광활한 바다에서,
그들은 노래를 크게 불러야해요.

오직 수컷만 노래하기 때문에,
그들은 짝을 찾으려고 노력해야 할거예요.

우리의 여정은 시작도
멈춤도 없이 구부러지고 접히며
시간의 순간을 끝없이
지나고 있습니다.

시간을 여행하는 불멸의 해파리

손톱만한 크기로
희미하게 반짝이고,
시간을 여행하는 해파리가
은은하게 미끄러지듯 지나갑니다…

푸켓 주변의
열대 바다에서,
작은 유령처럼
파도 위를 떠다닙니다.

"내 이야기는 행복과
고난을 오가는 기나긴
여정이에요. 하나의 삶
그 이상이죠..."

"나는 숨 쉬는 순간순간
바다를 탐험하고,
영원히 살며,
죽음을 속이기도 해요."

"내 이름은 해파리,
나는 작고 쭈글쭈글해요.
내 몸은 살랑거리고 젤리처럼
아주 물컹거리죠!"

끝이 없는 제 이야기를
어디서부터 시작해야 할까요?
제 이야기는 끝이 안보일 정도로
길 수도 있어요.

언젠가 알이 있었는데
땅 위에 앉고 싶어서
표류하다가 모래 위로
떨어졌어요...

나는 애벌레로
성장한 후 바위를
찾았어요. 정착하기에
안성맞춤이네요!

애벌레에서 폴립으로,
나무의 작은 가지가
보일 때까지
성장을 계속 했어요.

나뭇가지에 새싹이 돋아나고
새싹이 마침내 떠나게 되었어요.
이제 어린이가 되어
놀고 싶었거든요!

“제 삶은 놀이 같은
장난이 아니라, 꽤 진지한
삶이에요. 해파리로
살아가면 어떤 일이
벌어질지 누가 알겠어요!”

바다에서 뭍으로 흘러갑니다,
해파리는 다 자랄 때까지
계속 앞으로 나아갑니다…

실 같은 덩굴손과 빛나는
붉은 색 배를 가진 해파리는
이제 거의 다 자랐고,
점차 늙어 갈 거예요.

하지만 잠시만요, 음식이 없고

물도 점점 차가워지고 있어요!

"나는 길을 잃고 몸도 점점

작아지고 있어요.

이대로 가면 난 늙지 않을 거야!"

해파리가 부드러운

모래밭으로 떨어지면서,

점점 더

어려지기 시작합니다...

덩굴손이 오그라들고

몸이 작아져서

젤리만 남게 되었어요...

낭포에서 폴립으로 돌아온 해파리의

삶은 달라집니다.

(역변성으로 인한

모습입니다...)

"시간의 문을 통과하면 영원히 살 수 있지만,

우리 작은 해파리들은 그 문을 사용할 필요가 없어요."

"우리의 삶은 끝없이
이어지면서 우리는 영원히
살기 때문에 친구가 없어요."

"네, 우리의 영원한 생활이
싫은 점도 있지만,
좋기도 해요.
(포식자의 먹이가
되지 않는 한!)"

불멸의 해파리에 관한 모든 것

삶이 영원한 해파리는 아마도 지구에서 가장 오래 살았거나
적어도 그럴 수 있는 능력을 가지고 있습니다. 이 작은 생명체는
역변태라는 기술을 사용하여 시간을 되돌릴 수 있기 때문입니다.

해파리의 역변태는 해파리가 다치거나 굶주리거나 바닷물이 너무 뜨겁거나 차가울 때 일어납니다. 바닷속 깊은 곳에 떨어지면 해파리는 낭종으로 변하고, 이것이 다시 폴립으로 성장하여 해파리의 삶은 다시 이어집니다.

펄럭이는 기다란 띠와 호기심을 자극하는 특징까지,
이 신비로운 생명체들이 어디로 갈지 누가 알겠어요?

마법 같은 장어의 이동

우리의 이야기는
반짝거리는 신비가
시작되고 사라질 때
탄생합니다.

생김새가 신비스럽고 특이한 이 물고기는
바로 장어입니다. 장어는 소원을 품고
헤엄쳐 나갑니다.

이 에메랄드빛 바다로
다시 돌아오기 위해,
멋진 장어를 만나게 될
그곳을 향해!

모든 장어는 한 가지 이유 때문에 도착했습니다.

바로 사르가섬의 오렌지빛 잡초 위에서 번식하기 위해서입니다.

알을 낳기 위해 대규모 이동이

시작됩니다.

지금 수백만 개의 알에서

수백만 마리의 새끼가 태어났어요!

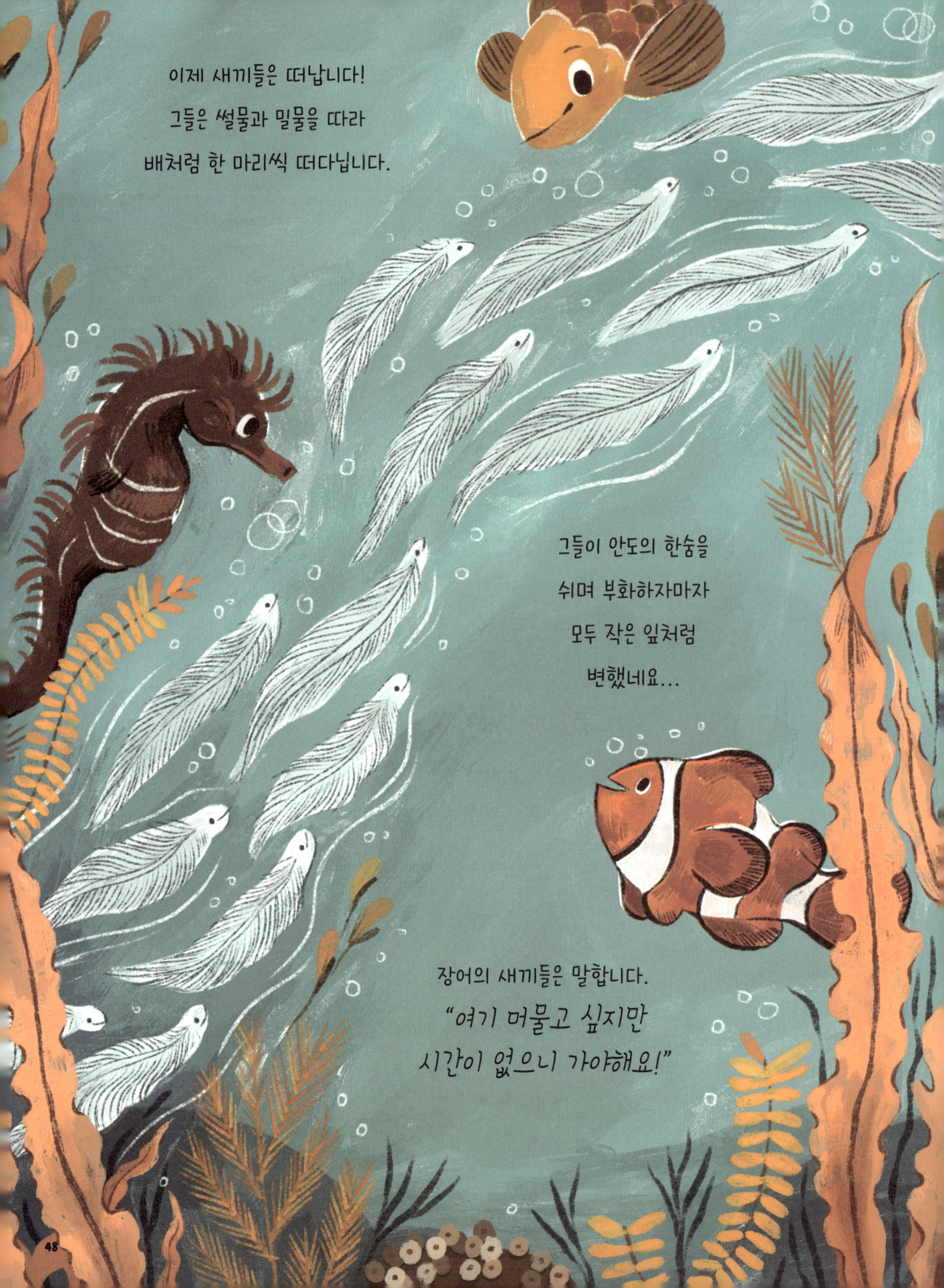

이제 새끼들은 떠납니다!
그들은 썰물과 밀물을 따라
배처럼 한 마리씩 떠다닙니다.

그들이 안도의 한숨을
쉬며 부화하자마자
모두 작은 잎처럼
변했네요…

장어의 새끼들은 말합니다.
"여기 머물고 싶지만
시간이 없으니 가야해요!"

그들의 여정은 계속됩니다 -
해안에 도착하기 전에
어떤 위험이 기다리고 있을까요?

무슨 일이 일어났어요!
보이나요?
수많은 장어가 유리처럼
투명해졌습니다...

작은 스파게티 가닥 같은
아기 장어들이
능숙하게 헤엄치며 계속 헤엄치고
또 헤엄칩니다.

그들이 어느새 구불구불한

뱀처럼 꿈틀거리는

아기 장어가 되었네요!

버드나무처럼 가느다란

그들은 물기를 가득

머금은 것 같은 하늘 아래

시냇물을 지납니다.

상류에서 장어는
깃발처럼 휘날리고,
그들 하나하나가
강의 흐름을 닮아가요.

"이 강은 제가 사는 곳이고
제 자신과 마찬가지예요.
나는 강하게 자랄 때까지
계속해서 헤엄칠 거예요."

끈적이고 비단 같은
둥근 몸통의 장어는
시간이 지나면서
황금빛 배를 갖게 됩니다...

노란색부터 은색까지

미끌거리고 끈적한 피부는

좁은 틈새 어디로든

다닐 수 있어요.

장어는 떠나야 할 때까지

몇 년 동안은

강에 머물러 있습니다.

그들은 짠맛이 느껴지는
깊은 바다를 향해
리본처럼 물결을 일으키며
앞으로 나아갑니다.

이 신비한 물고기는
물살을 따라 유영하며
마법 같은 몸짓으로
헤엄칩니다!

장어는 태어난 곳으로
다시 한 번 돌아갑니다...
그들은 해냈고 삶을 끝냈습니다.
그리고 마침내 알을 낳을 시간입니다...

신비로운 장어의 이동에 대한 모든 것

어른이 된 뱀장어는 알을 낳기 위해 매년 북대서양의 바다로 돌아오는데,
이곳은 그들이 태어난 지 40년이 지난 곳이기도 합니다.

1. 수백만 개의 작은 장어 알이 따뜻한 해류를 따라 이동합니다.

2. 알이 부화하면서 나뭇잎처럼 작은 장어 유충이 약 9,000킬로미터 이상의 장대한 여정을 이어갑니다.

3. 유럽 대륙붕에 도달해야만 장어와 같은 모양으로 변합니다. 이제 투명한 스파게티 가닥처럼 보이네요.

미스테리하고, 뱀같이 생겨서 가끔은 우리를 놀라게 하지만, 장어들은 정말 매력적이네요...

4. 민물 개울이나 강에 도착하면 장어의 피부는 어두워지고 '아기 장어'가 됩니다.

5. 아기 장어가 성숙해지면서 피부가 노란색으로 변합니다.

6. 수년 동안 헤엄치고 먹이를 먹은 장어는 성숙기에 이릅니다. 이들은 '은장어'로서 때가 되면 넓은 바다로 돌아갈 준비를 합니다.

여기 숲이 있습니다 - 두족류 동물의 세계로
들어가 봅시다.
문어는 어디에 숨어 있을까요?

변신의 귀재, 문어

오징어가 춤추고 복어가 노니는 곳,
흔들리는 그림자 속에서
우리의 문어를 찾을 수 있습니다…

감각적이고, 예민하고,
치유에 뛰어난 문어의 몸은
굉장히 부드럽습니다 – 느낌이 좋네요!

조용한 밤에 형태를 바꾸는 방랑자,
문어는 그림자와 빛으로
만들어진 은색의 투명한
피부를 가지고 있습니다…

"여기 이 초록빛 정원에
내 집이 있어요.
지금까지 본 것들 중 가장
사랑스러운 정원이죠?"

"미끄럽고 얇은 이 멋진 잡초들은
내가 필요한 모든 것을 가진,
쉼터 같은 숲이에요."

문어는 불어오는 바람에
부풀려지는 낙하선처럼 움직입니다.
문어는 어디로 가는 걸까요?

은빛 종처럼 반짝반짝
빛나는 동그란 산호와
조개껍질 위로
미끄러져 내려옵니다.

피부에 질감이 생기고
형태가 변하는 등 마법 같은
위장술이 펼쳐집니다!

그리고 여기서 문어는 맛있는 음식을 기다립니다.

아마도 문어가 가장 좋아하는 조개나 바닷가재겠지요?

하지만 저 움직임은 무엇일까요? 혼자 있는 걸까요?

아니면 누군가 큰 돌 뒤에 숨어 있는 걸까요...?

바위 틈새에서 상어가 나옵니다.

그는 "오, 안녕하세요... 제가 놀래켰나요?"라고 웃으며 말합니다.

"네!"라고 외치면서 문어는

팔들을 흔들며 상어로부터

서둘러 떠납니다.

우뚝 솟은 해초의 숲을 헤치며

"도와주세요... 오 도와주세요!"

라고 외치며 재빨리

날아갑니다.

공중으로 떠오르고, 쌩-하고 지나가며,

동그란 말미잘 잎은 피어나고,

문어는 도망가고

포식자는 다가옵니다...

문어의 몸에는 뼈가 없습니다.

머리에도 뼈가 없어요.

그러나 문어는 뇌가 많습니다!

"나는 내 강점을 활용하겠어요…"

갑자기 새까만 먹물을 분출합니다.

그녀는 어두운 구름 속으로 사라졌고

상어는 길을 잃었습니다…

"뒤떨어진 상어는 어디로 갔을까?"라고 생각하며

에메랄드빛 물살을 헤치며 앞서갑니다.

검은 물이 희미해지면서

맑아집니다.

"먼저 갈게!" 그녀는 그 자리를

빠르게 떠났습니다.

그러다 바위 틈새를

발견한 문어는

살펴보기 위해

안으로 들어갑니다.

"내 몸에는 뼈가 없어서 자유로워요...
그리고 내가 가진 많은 뇌 덕분에
보다시피 난 똑똑해요!"

"감각적이고, 민감하고,
치유력이 뛰어나며,
내 몸은 유연해요!
감각이 뛰어난 몸이죠."

조용한 밤에 형태를 바꾸는 방랑자,

문어는 그림자와 빛으로

만들어진 은색의 투명한

피부를 가지고 있습니다...

문어에 관한 모든 것

문어는 세계 최고의 변신과 위장 능력을 가지고 있습니다.
그들은 하나의 뇌가 아닌, 무려 9개의 뇌가 있어서 매우 영리합니다.
기본적으로 하나의 큰 '주된' 뇌와 8개의 팔에 각각 작은 뇌가 하나씩 있습니다.

모든 팔은 독립적으로 만지고,
맛보고, 움직일 수 있습니다.
빨판에는 특수 센서가 있어
절대 엉키지 않습니다!

문어의 뇌와 몸의 비율은 무척추동물 중 가장 큰 편입니다.
문어는 퍼즐을 풀고 작업을 수행하는 데 매우 뛰어납니다.
심지어 도구를 사용하여 집을 지을 수도 있어요!

문어는 부드럽고 유연하며 완전히
뼈가 없는 몸을 가지고 있어
무한한 움직임이 가능합니다.
어떤 방향으로든 뻗고, 구부리고,
수축하고, 늘일 수 있습니다.
그 가능성은 끝이 없어요...

뼈가 없는 몸체는 작은 모서리까지
구석구석 들어갈 수 있다는 것을 의미합니다.
그들의 팔다리는 다시 자라기도 해요!

북풍이 불어와 바다가
폭풍우를 일으키고 있습니다…
남극이 손짓하는 이곳이 바로
우리가 갈 곳입니다!

얼어붙은 땅 위에서 사는 펭귄

진눈깨비로 뒤덮인

남극 얼음 위에서

두 마리의 펭귄은 서로를

만나게 되어 행복합니다…

펭귄들이 갈 수 있는 곳이

많지 않기 때문에

바다에서 헤엄치고

눈 위에서 스케이트를 타고 있어요.

아름다운 알로 완전한 가족이 되었네요!
그리고 엄마 펭귄은 아빠 펭귄에게
"당신의 발 위에 따뜻하게 두세요!"
라고 말합니다.

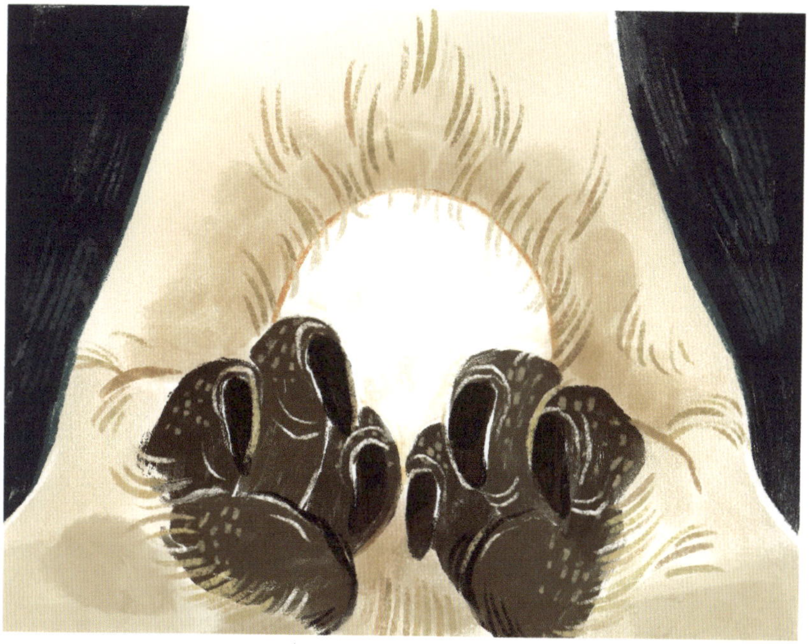

"잘 있어요!" 엄마는 휙 가버리며,
"서운하겠지만, 전 음식을
찾으러 빨리 떠나야겠어요..."

"오래 걸리지 않을 테니
잘 지내고 있어요!"
그녀가 말합니다.
"우리 알을 포근하게 지켜줘..."
아빠는 "노력할게요!"라고 합니다.

그녀는 배를 얼음 위에 깔고
바다로 미끄러지듯이 뛰어들며
"조심해, 물고기들아,
내가 간다!" 라고 외칩니다.

아빠 황제 펭귄들은

모두 뒤에 남았습니다.

그들은 "우리 아이들을 돌보는 것이

우리의 일이에요!"라고 말합니다.

천천히 교대로 돌아가면서,

그들은 꽉 부둥켜안고

어두운 겨울 낮과

긴긴 겨울 밤을 견뎌냅니다.

65일 후...

주머니 속의 모든 알이
부화하기 시작합니다...

... 그리고 "아우!" 하는
소리와 함께 부화합니다.

밖은 쌀쌀하지만,
아기 펭귄들은 푹신하고
두꺼운 털을 가지고 있기 때문에
괜찮아요.

엄마와 이별한 지
몇 주가 지나면서,
"엄마가 다시 돌아올 수 있을까?"
모든 아기 펭귄들이 울어댑니다.

해빙이 움직이고 있네요…
이제 그들은 어디로
이동해야 할까요…?
그때 바다에서
감동의 물결이 솟구칩니다!

수천 마리의 펭귄이 도착하기 시작하자...

꽥꽥대며 울면서,

"엄마가 온다!" 라고 말합니다.

"엄마 살아 돌아왔어!"

하지만 어미 펭귄은

5,000마리의 펭귄들 속에서

어떻게 각각의 새끼를 찾을까요?

불가능할까요?

그럴지도 모르죠...

하지만 황제펭귄은
모두 다른 독특한
소리를 내어 새끼를
찾을 수 있어요!

몇 달간의 얼음 위 생활과
긴 단식 끝에 마침내
아빠가 엄마에게
자리를 넘겨줍니다!

"따뜻한 발 덕분에
알을 안전하게 지켰어요."
아빠는 "이제 내가
먹이를 구하러 갈 차례예요!"
라고 말합니다.

얼어붙은 남극 속 빽빽하게 붙어있는 황제 펭귄에 관한 모든 것

황제펭귄은 가장 큰 펭귄 종으로, 다 자랐을 때 키가 약 1.2미터(4피트)에 달하는 가장 큰 펭귄입니다. 그들은 남극의 거대한 해빙 위에 서식하며 깊히 잠수하여 먹이를 사냥합니다.

암컷은 5월에서 6월 사이에 알 하나를 낳고 조심스럽게 수컷의 발 위로 옮깁니다. 그런 다음 암컷은 먹이를 찾으러 떠나고 수컷은 알을 품기 위해 남아 있습니다.

이 작업을 9주 동안, 때로는 그 이상을 하며 얼어붙은 땅 위를 맨발로 걸어다닙니다. 그리고 그 발은 새끼 주머니라고 불리는 피부 덮개로 덮여져 있습니다.

통통하게 살이 오른 암컷이 돌아오자마자 독특한 울음소리로 가족을 찾습니다. 가족이 재회한 후에는 암컷이 배고픈 새끼의 입에 먹이를 물어다 줍니다. 그리고 마침내 수컷이 먹을 것을 찾아 떠납니다!

약 65일간의 부화 기간이 지나면 알이 부화하여 푹신한 갈색의 아기 펭귄이 태어납니다.

약 5,000마리의 수컷으로 구성된 무리는 따뜻함을 위해 함께 모여 있습니다. 수컷들은 모두가 온기를 느낄 수 있도록 천천히 돌아가며 차례대로 중앙에 앉기 위해 바깥의 혹독한 추위도 견뎌냅니다.

해안에서 멀지 않은
따뜻한 바다에서
수줍고 작은 생물이 바닥을
돌아다니고 있습니다…

해마의 춤

"작고 섬세한 저는
말을 닮은 머리를
가졌다고 해서
해마라고 불려요!"

비록 해마는 느리지만
매우 긴 목과
아름다운 꼬리를 가진
강직한 수컷입니다!

해마는 헤엄치다가
잡초에 달라붙어
두 개의 눈으로
필요한 것을 찾습니다.

"뼈가 앙상하고 가시투성이에,
아주 작은 나는
내 사랑을 기다리고 있습니다...
오똑한 코를 가진 기운 좋은 말,
멋진 댄서...
내가 아내에게 바라는 것들이에요!"

"아주 작고 수줍음이 많은 나는
바닷속을 유영하며 스쳐다녀요.
난 이랬다저랬다 하는
해마는 원하지 않아.
오직 나를 위해 춤추는 자만 원해!"

"야호!" 그가 말합니다.

"지금이 딱이야, 내 짝을 찾았어!"

두 사람의 꼬리가 얽히면서,

"우리... 데이트할까요?"

그리고 그들은

함께 빙글빙글 돌면서

멋진 춤을 춰요.

꼬리 끝부터

코 앞까지,

해마가 천천히 흔들리고,

여러 포즈를 취하면서...

그들은 빙글빙글 돌며
두 배를 맞대고,
"우리의 아기 해마들이 태어날 수
있도록 알을 지켜줄래?" 라고 말합니다.

수컷은 새끼들을 위해
알을 품는 주머니를 가지고 있습니다.
이곳에서 해마는
먹이를 공급해 줄 것입니다.

그녀는
갑각류와 물고기를
직접 사냥하러 바다를
휙 빠져나가는데...

그녀는 비록 아빠를

혼자두고 왔지만

아빠가 혼자가되지 않도록

매일 다시 돌아옵니다…

“좋은 아침!” 그녀가

몸을 흔들자

해마들은 키스를 나누며

행복한 춤을 계속 이어 나갑니다.

"아기들은 어때요?"
엄마는 "괜찮아요?" 라고 묻습니다.
그리고 아빠는 "아주 잘 있어!"
라고 대답합니다.

부모가 이리저리 춤을
추며 포옹하는 동안
아기 해마들은 안전하고
포근한 뱃속에서 성장합니다.

그리고 40일 후
출산이 시작되었어요.
아기가 우렁찬 울음소리와
함께 태어납니다!

아주 작은 아이들은

"잘 가!"라고 외치는 부모님에게

"이제 탐험을 떠나자!"라고

외치면서 펄쩍펄쩍 뛰어다닙니다.

해마에 관한 모든 것

해마는 수줍음이 많고 매혹적인 작은 물고기로, 머리가 말처럼
생겼다고 해서 이름이 붙여졌어요. 해마는 길고 뼈가 많은 몸을 가지고 있으며,
지느러미를 이용해 똑바로 서서 헤엄칩니다.

약 40종의 해마가 있으며,
이 작고 가시가 많은 포식자는
따뜻하고 온화한
바다의 수초가 무성하게
자리잡은 곳에서
살고 있어요.

해마는 자신의 짝과 평생 함께 살아요.
그들의 첫 데이트는 최대 8시간 동안
춤을 추는 고난도 춤이에요.

그리고 암컷은
새우와 생선 알을
먹기 위해 떠납니다.
그들은 매일
함께 바다를 돌아다니며
춤을 춰요.

짝짓기가 성사되면
암컷 해마는 자신의 알을
수컷의 주머니로 옮깁니다.
이 주머니는 자궁과 같은
역할을 하도록 특별히 설계되어
알을 보호하고, 먹이를 주고,
알에서 나온 노폐물을
제거해요.

30~45일이 지나면 아빠 해마는 출산할 준비가 됩니다.
강한 수축으로 아기 해마들이 물속으로 뿌려지고,
그들은 해류에 의해 운반되면서 서로 달라붙습니다.

그들의 부모는 매일 함께
춤을 추고 있습니다.
섬세한 해마 발레를
선보이고 있으며 곧 더 많은
아기들이 등장할 예정이에요.

달은 은빛으로 반짝이며
높이 떠오르고,
해변은 한적하고
조용합니다 – 음, 대부분은요.

바다거북의 짠 눈물

별이 가득한 하늘이
황백색의 땅을 밝히고
밤의 열기가 모래로 가득한
해변을 따뜻하게 합니다…

그리고 땅속에서
무언가 일어나고 있습니다.
작은 목소리가 조용하게
울려 퍼지고 있네요…

곧 모래를 파고, 퍼내고,

긁는 소리가 들립니다...

모래가 부풀어 오르고

무언가가 부화하고 있어요!

작은 거북이들은

부화하자마자

파도가 철썩이는

바다로 향합니다.

수많은 거북이들이 서로

뒤엉키고 난투극을 벌이는 이곳은

마치 움직이는

거북이 카펫 같아요!

"비록 우리는 작을지 몰라도,
우리는 엄청 많아요!" 라고 노래하며
바다 가장자리로
떼를 지어 달려갑니다.

"우리는 한 번에
우르르 태어나요.
생존할 확률이
높아지죠!"

"우리는 힘이 없고
너무 작은 존재지만,
함께 하나가 된다면
바다로 나아갈 수 있어!"

이제 마치 배를 타는 것처럼
물속으로 들어가서,
물갈퀴로 위아래
움직이며 떠다닙니다…

이별과 함께
시작된 그들의 삶,
이제 친구가 없는 거북이들은
홀로 끝없는 여행을 떠납니다…

파도의 힘에 밀려
거북이들은 이리저리 떠밀리고
어떤 거북이들은 사라져 다시
찾을 수 없습니다…

하지만 또 다른 거북이들은 두려움 없이
용감하게 수영을 계속합니다.
"하지만 우리는 엄청나게
운이 좋다는 것을 알고 있어요!"

"우리는 등껍데기가
엄청나게 커질 때까지
바다를 계속해서
헤엄쳐요!"

하루가 몇 주가 되고,
몇 주가 몇 년이 되면
모든 거북이들은
많은 눈물을 흘립니다...

그들이 어디로 갈지는
아무도 모르지만
그들이 무엇을 하든 점점 더
크게 자랄 것입니다...

지구는 자석이며,
지구가 만들어내는 힘은
'자기장'으로 알려진
명확한 지도입니다.

이 자기장은
거북이들이 반드시 도달해야 하는,
그들이 부화했던 해변으로
길을 안내합니다.

엄청나게 거대한
거북이 한 마리가
파도를 헤치며
힘차게 헤엄치고 있네요...

"나는 거대해요!
난 튼튼하고 강해요.
그리고 나의 딱딱한 등은
길고 넓어요!"

거북이는 해변을
기어 올라와
그녀의 새끼들이 부화할
좋은 곳을 발견합니다.

그녀의 알을 무사히 묻고,
해안을 건너
다시 한 번 더 바다로
돌아가는 여행을 합니다...

"내가 가진 나침반이
길을 안내하고 있어요...
나는 계속 수영하고
수영해야 해요."

장수거북에 대한 모든 것

가장 큰 바다거북은 거대한 장수거북입니다. 성체의 몸무게는 최대 900킬로그램에 달하며 100년을 살 수 있을 정도로 거대합니다. 거북이의 눈물은 슬픔에서 나오는 것이 아니라 눈가에 있는 염분 배설샘이 체내의 과도한 염분을 제거하기 위해 눈물을 흘리는 것입니다.

놀라운 생물과
호기심 많은 물고기까지,
모든 것이 경이로움
그 자체입니다.

산호초부터 구석구석까지,
심지어 각 조개 껍질에도
5분짜리 멋진 이야기가
있습니다!

5분 바닷속 이야기

초판 1 쇄 인쇄 | 2024 년 6 월 10 일
초판 1 쇄 발행 | 2024 년 6 월 24 일

저 자 Gabby Dawnay
일 러 스 트 Mona K
옮 긴 이 별난고래 학술국
발 행 인 장주연
출 판 기 획 김수진
책 임 편 집 박연주
편 집 디 자 인 조원배
표 지 디 자 인 김재욱
제 작 담 당 황인우
발 행 처 별난고래
등록 제 4-139 호 (1991. 6. 24)
본사 (10881) 파주출판단지 경기도 파주시 회동길 338(서패동 474-1)
전화 (031) 943-1888 팩스 (031) 955-9545
홈페이지 | www.koonja.co.kr

* 파본은 교환하여 드립니다 .
* 검인은 역자와의 합의하에 생략합니다 .
* 별난고래는 (주) 군자출판사의 아동도서 전문 출간 브랜드입니다 .

ISBN 979-11-7068-136-6 (77370)
979-11-7068-134-2 (세트)
정가 18,000원